DIE ZEIT

VERBRECHEN

Der Adventskalender

DIE ZEIT

VERBRECHEN

Der Adventskalender

riva

LIEBE LESERINNEN UND LESER,

WINTERZEIT IST KRIMIZEIT: Die Tage werden dunkler und kürzer, und die Menschen ziehen sich zurück in die wärmende Zuflucht ihres Heims. Doch die Zurückgezogenheit bietet nicht nur Anlass zu Einkehr und Besinnlichkeit, sondern sie verleitet auch so manch verbrecherischen Geist dazu, düstere Ideen auszuhecken.

Unter dem Eindruck dieser etwas gruseligen Grundstimmung möchten wir einen Kriminalfall für unsere ZEIT-Verbrechen-Hörerinnen und -Hörer erlebbar machen. Indem Sie in die Rolle des Ermittlers schlüpfen, bekommen Sie die Gelegenheit, die eigene Urteilskraft zu schärfen und Ihr Verständnis für die Arbeit der Justiz- und der Kriminalberichterstatterinnen zu vertiefen.

Wir glauben, dies gelingt am besten mit einem fiktiven Ermittlungs-Spiel, das von einem echten Kriminalfall inspiriert ist.

Und warum das Ganze als Adventskalender? Nun, da bei der klassischen Ermittlung in der Regel nie alle Informationen gleichzeitig verfügbar sind, sondern — oft sehr mühsam und zeitaufwendig — ausgegraben werden müssen, ist der Adventskalender mit seinen vielen versteckten Türchen das perfekte Medium, um Ihnen das Gefühl einer echten Spurensuche zu geben.

Bis Heiligabend schlüpfen Sie in die Rolle des Ermittlers oder der Ermittlerin und erhalten jeden Tag einen neuen Hinweis in Form von Zeugenaussagen oder Beweisstücken. Ihre Aufgabe ist es, jedes Indiz richtig einzuordnen, für Ihre Ermittlung zu nutzen und so den Fall immer detaillierter zu rekonstruieren. Sie müssen genau hinsehen, gesammelte Informationen kombinieren und vor allem die richtigen Fragen stellen, um diesen kniffligen Fall zu lösen.

Ohne jegliche Ermittlungserfahrung keine leichte Aufgabe. Aus diesem Grund wechseln sich die Spuren mit Quizfragen rund um Kriminalität, Polizeiarbeit und Strafrecht ab. Die Informationen, die Sie in den Quizfragen erhalten, können Ihnen helfen, dem Täter oder den Tätern auf die Spur zu kommen. Aber denken Sie daran: Als Ermittler sollten Sie immer darauf gefasst sein, dass Ihnen jemand eine falsche Fährte legen will.

WIE DIESER ADVENTSKALENDER FUNKTIONIERT:

Um die Seiten aufzutrennen, benötigen Sie eine Schere. Diese können Sie unten am Falz ansetzen und dann längs nach oben hin aufschneiden.

In der unteren rechten Ecke auf jeder Doppelseite finden Sie ein Symbol. Dieses verrät Ihnen, hinter welchem Türchen sich der nächste Inhalt verbirgt. Ist z.B. ein Geschenk abgebildet, müssen Sie die verschlossene Seite mit dem gleichen abgebildeten Geschenk finden.

Haben Sie den Fall am 24. Dezember schließlich gelöst, können Sie mithilfe des Lösungsteils am Ende dieses Adventskalenders herausfinden, wie Sie abgeschnitten haben. Ihre Antworten werden als Punkte zusammengerechnet und basierend auf der Punktzahl erhalten Sie Ihre persönliche Einschätzung, wie viel Ermittlergespür in Ihnen steckt.

Wäre Ihnen der Täter durch die Lappen gegangen? Oder hätten Sie den Fall womöglich sogar schneller gelöst? Finden Sie es heraus, beim ersten Adventskalender zum True Crime-Podcast ZEIT Verbrechen.

GUT ZU WISSEN:

Hinter Türchen 24 finden Sie einen QR-Code, der Sie zu den Podcast-Folgen von ZEIT Verbrechen führt. In der Folge, die am 28. Dezember 2021 erschienen ist, dreht sich alles um den wahren Kriminalfall, der hier als Inspiration für den von Ihnen zu lösenden Fall diente. Zu Gast in der Sendung ist ZEIT-Autor Tobias Timm, der diese spektakuläre Geschichte über Jahre verfolgt und ihre Hintergründe intensiv recherchiert hat. Hören Sie rein – wir freuen uns auf Sie!

WICHTIG:

Dieses Spiel ist zwar von einem echten Kriminalfall inspiriert, der im Spiel zu lösende Fall ist jedoch fiktiv. Das Spiel gibt also nicht den tatsächlichen Hergang der Tat oder der Ermittlungen oder des Falls wieder, das gilt insbesondere auch für die handelnden Personen. Details des echten Falls wurden für das Spiel geändert und verfremdet. Insbesondere sind Dialoge oder auch »Beweisstücke« fiktiv und für das Spiel entwickelt worden, ebenso handelnde Personen. Es handelt sich hier nicht um Beweismaterial aus den Strafakten.

VIEL ERFOLG BEI DEN ERMITTLUNGEN UND FROHE WEIHNACHTEN!

Hier geht's los

DER FALL

NR. 1

Es ist früher Morgen, als bei der Polizei ein Notruf aus dem Berliner Bode-Museum eingeht. Ein Wachmann des Museums meldet den Diebstahl eines unvorstellbaren Schatzes: Eine riesige Goldmünze wurde in der Nacht vom 27. März 2017 von Unbekannten entwendet.

DIE BIG MAPLE LEAF

- ... wurde 2007 von der Royal Canadian Mint in Ottawa hergestellt.
- ... gibt es in sechsfacher Ausführung.
- ... bringt stattliche 100 Kilogramm auf die Waage.
- ... ist etwa so groß wie ein Autoreifen.
- ... besteht aus dem reinsten Gold der Welt: 999,99/1000 Feinheitsgrad (sogenanntes Fünfergold, aufgrund der fünf Neuner).

Kurze Zeit nach dem Hilferuf treffen die Polizeibeamten im Museum ein und nehmen den Tatort unter die Lupe. Bereits beim Fotografieren der möglichen Spuren ahnen die Kriminaltechnikerinnen, dass es sich bei diesem Fall um eine echte Herausforderung handelt.

Nun sind Sie an der Reihe und schlüpfen in die Rolle des leitenden Ermittlers. Ihre Aufgabe ist es, den vorliegenden Fall auf Grundlage aller Indizien und Informationen so zu rekonstruieren, dass Sie dem Täter schnellstmöglich auf die Spur kommen. Aber seien Sie gewarnt: Bei diesem Fall wird Ihnen eine nahezu unüberschaubare Menge von Hinweisen begegnen. Und nicht alle davon sind brauchbar. Nur wer den Überblick behält und die Augen für alle Möglichkeiten offenhält, wird diesen Fall bis Heiligabend lösen können. Haben Sie das Zeug zum Kriminalbeamten? Beweisen Sie es!

Als Sie beim Tatort eintreffen, finden Sie eine zersplitterte Vitrine vor. Vermutlich wurde sie aufgebrochen, um die darin befindliche Goldmünze zu stehlen. Sie sehen sich weiter um und notieren währenddessen die Kernfragen, um die Sie Ihre Ermittlungen aufbauen werden:

1. _____ ?

2. _____ ?

3. _____ ?

RÄTSEL

NR. 8

1 Stattet Ihnen die Polizei einen Besuch ab und Sie haben sich tatsächlich einer Straftat schuldig gemacht, kann sich Ihr Mitwirken positiv auf das Strafmaß auswirken. Außerdem ist es ratsam, wenn Sie als Erstes einen Verteidiger anrufen und bis zu dessen Eintreffen keine Aussage machen. Welche Umstände können noch zur Abmilderung einer Strafe führen?

Kreuzen Sie an!

☐ Der Beschuldigte war zur Tatzeit minderjährig.

☐ Die Beschuldigte war zur Tatzeit alkoholisiert.

☐ Der Beschuldigte wurde vom Opfer provoziert.

☐ Die Beschuldigte wird durch den Prozess mental in Mitleidenschaft gezogen.

☐ Der Beschuldigte war sich über die Strafbarkeit seines Handelns nicht bewusst.

2 Nicht jedes Tötungsdelikt ist ein Mord. Welche Voraussetzung muss erfüllt sein, damit der Täter wegen Mordes und nicht wegen Totschlags verurteilt werden kann? Mehrere Antworten sind möglich.

Kreuzen Sie an!

Der Angeklagte beging die Tat ...

☐ zum Schutz Dritter.

☐ zur Befriedigung des Geschlechtstriebs.

☐ aus Habgier.

☐ auf Wunsch des Opfers.

☐ aus Rache.

☐ im Auftrag Dritter.

☐ um eine andere Straftat zu verdecken.

DER FALL

NR. 12

Am 12. Juli 2017 durchsuchen 300 Einsatzkräfte Wohnungen, Geschäfte, Fahrzeuge – 30 Objekte in Berlin und Umgebung werden vom LKA und SEK auf den Kopf gestellt.

Ihre Kollegen finden illegale Waffen, Autos und jede Menge Bargeld. Ein Fund weckt besonderes Interesse bei Ihnen – ein Notizzettel aus der Wohnung eines der Clan-Mitglieder:

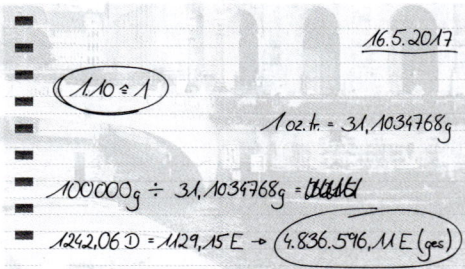

16.5.2017

$1,10 \stackrel{\wedge}{=} 1$

$1 \text{ oz. tr.} = 31,1034768 \text{ g}$

$100\,000 \text{ g} \div 31,1034768 \text{ g} = \text{[unleserlich]}$

$1242,06 \text{ D} = 1129,15 \text{ E} \rightarrow 4.836.596,11 \text{ E (ges.)}$

___

Beweisstück ist fiktiv.

Obwohl an der Kleidung und im Auto eines Verdächtigen Materialrückstände der Big Maple Leaf nachgewiesen werden konnten, fehlt von der Goldmünze selbst jede Spur. Da die gefundenen Goldpartikel Spuren wie von einem Trennschleifer aufweisen, müssen Sie davon ausgehen, dass die Täter die Goldmünze zerteilt oder eingeschmolzen haben – und mit ihr das einzige aussagekräftige Beweisstück. Belastende Aussagen oder gar Geständnisse konnten Sie aus den Tatverdächtigen bei der Befragung nicht herausbekommen.

Um die Verdächtigen trotzdem zur Verantwortung ziehen zu können, müssen Sie sich auf einen umfangreichen Indizienprozess gefasst machen. Was werfen Sie den vier jungen Männern vor? Und worauf stützen Sie Ihre Mutmaßungen?

Tragen Sie die Ergebnisse Ihrer Ermittlung zusammen. Welche Vorwürfe ergeben sich aus den Indizien?

1. Goldabrieb: _____ .

2. Kameraaufnahmen: _____ .

3. DNA-Spuren: _____ .

4. _____: _____ .

RÄTSEL

NR. 1

1 Welche der genannten Aussagen zur Kriminaltechnik treffen nicht zu?

Kreuzen Sie an!

☐ Die Untersuchung von Schmauchspuren fällt in den Tätigkeitsbereich von Ballistikern.

☐ Pathologen brauchen – im Gegensatz zu Gerichtsmedizinern – kein abgeschlossenes Medizinstudium.

☐ Die Identifizierungskommission des BKA beschäftigt sich ausschließlich mit der Identifikation von Opfern.

☐ Die Analyse von genetischen Spuren wird auch Daktyloskopie genannt.

2 Insbesondere im Fernsehen oder in Romanen werden die Begriffe Kriminologie und Kriminalistik gerne durcheinandergebracht oder als Synonyme verwendet. Können Sie als wahrer »Krimi-Fan« die Terminologien richtig unterscheiden?

Ordnen Sie zu!

_____ analysiert Verbrechen basierend auf Tatsachen.

_____ analysiert Verbrecher basierend auf Ursachen.

_____ setzt sich mit Taktiken zur Überführung Straffälliger auseinander.

_____ setzt sich mit Methoden zum Umgang mit Opfern auseinander.

_____ ist vor allem als Methodik zu verstehen.

_____ ist vor allem als Forschung zu verstehen.

DER FALL

NR. 5

Die Zeugenbefragung hat zwar nicht dazu geführt, dem Tippgeber auf die Schliche zu kommen, dafür aber haben sich weitere Hinweise und Spuren für Ihre Ermittlungen aufgetan. Irgendwann wird schon die richtige Spur dabei sein, denken Sie, und setzen sich wieder in den Dienstwagen.

Gerade als Sie den Motor anlassen, vibriert Ihr Telefon und es meldet sich ein Kollege aus dem Labor. Gute Nachrichten: Sie hatten den richtigen Riecher. Bei den Metallspuren handelt es sich tatsächlich um winzige Abriebe der seltenen Big Maple Leaf.

Sofort schalten Sie das Display der Fahrzeugarmatur ein und sehen sich die Umgebung des Bode-Museums auf der Karte an. Vor Ihrem geistigen Auge erscheint der mutmaßliche Fluchtweg der Diebe. In welche Richtung müssen die Diebe abgehauen sein? Zeichnen Sie grob den mutmaßlichen Fluchtweg ein!

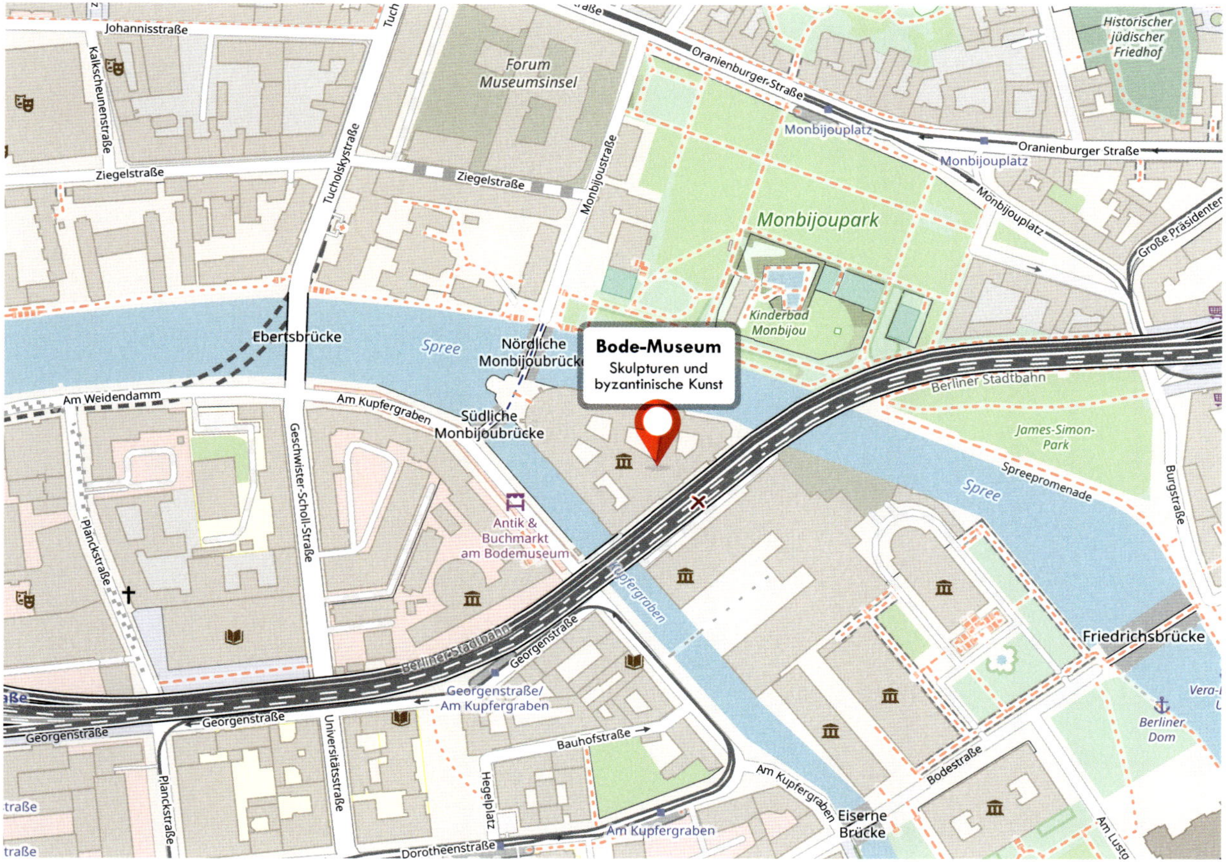

Johannisstraße

Kalkscheunenstraße

Ziegelstraße

Forum
Museumsinsel

Ziegelstraße

Tucholskystraße

Monbijoustraße

Oranienburger Straße

Monbijouplatz

Oranienburger Straße

Monbijouplatz

Monbijoupark

Monbijouplatz

Große Präsidenten

Historischer
jüdischer
Friedhof

Ebertsbrücke

Spree

Am Weidendamm

Nördliche
Monbijoubrücke

Am Kupfergraben

Südliche
Monbijoubrücke

Kinderbad
Monbijou

Bode-Museum
Skulpturen und
byzantinische Kunst

Berliner Stadtbahn

James-Simon-
Park

Spreepromenade

Burgstraße

Spree

Geschwister-Scholl-Straße

Planckstraße

Antik &
Buchmarkt
am Bodemuseum

Berliner Stadtbahn

Georgenstraße

Georgenstraße

Kupfergraben

Georgenstraße

Friedrichsbrücke

Georgenstraße/
Am Kupfergraben

Georgenstraße

Universitätsstraße

Hegelplatz

Bauhofstraße

Am Kupfergraben

Dorotheenstraße

Planckstraße

Am Kupfergraben

Eiserne
Brücke

Bodestraße

Berliner
Dom

Vera-
U.

Am Lust

X-Markierung ist fiktiv.

1 In der Bundesrepublik Deutschland gibt es viele gesetzliche Regelungen. Das ist gut so. Wer sich einer Straftat schuldig macht, kann sich auf ein verhältnismäßiges Urteil einstellen. Welche Aussagen zum Strafmaß treffen zu?

Kreuzen Sie an!

☐ Sobald der Richter ein Urteil fällt, ist dieses rechtskräftig.

☐ Bei mildernden Umständen kann der Richter von einem Urteil absehen und der Angeklagte bleibt straffrei.

☐ Es spielt keine Rolle für das Strafmaß, ob der Schuldige Reue zeigt.

☐ Freiheitsstrafen unter 6 Monaten werden regelmäßig zu einer Geldstrafe umgewandelt.

2 Mord, welcher in § 211 StGB definiert wird, gilt als das schwerste Verbrechen, welches nach deutschem Gesetz niemals verjährt. Bei dem milder bestraften Tötungsdelikt Totschlag (§ 212 StGB) sieht es jedoch anders aus. Welche Aussage stimmt?

Kreuzen Sie an!

☐ Verjährung nach 20 Jahren

☐ Verjährung nach 30 Jahren

☐ Verjährung nach 15 Jahren

DER FALL

NR. 8

Bei dem Auto handelt es sich um ein so herkömmliches Modell, dass Sie den Fahrzeughalter ohne das Nummernschild unmöglich ausmachen können. Nach langem Suchen und Grübeln müssen Sie diese Fährte also aufgeben.

So planvoll und überlegt, wie die Diebe vorgegangen sind, könnte es sich um einen Fall organisierter Kriminalität handeln, denken Sie. Das sind insofern schlechte Nachrichten, da somit die Wahrscheinlichkeit, die Münze im Ganzen wiederzufinden, ziemlich gegen null geht. Andererseits steigt mit dieser Vermutung auch die Wahrscheinlichkeit, dass die Täter bereits polizeilich bekannt sind.

Sie wittern eine Chance und geben ein internes Fahndungsschreiben an Ihre Kolleginnen bei der Polizei heraus. Nun kommt es darauf an: Welche Informationen geben Sie an Ihre Kolleginnen weiter, um das bestmögliche Ergebnis zu erzielen?

- Fakt 1: _____ .

- Fakt 2: _____ .

- Mutmaßung 1: Es bestehen Verbindungen zur organisierten Kriminalität.

- Mutmaßung 2: _____ .

- Mutmaßung 3: _____ .

RÄTSEL

NR. 4

1 Bei der Polizei herrschen strenge Hierarchien. Diese sollen Transparenz und eine reibungslose Kommunikation zwischen den Beamten ermöglichen. Können Sie die folgenden Dienstränge der Hierarchie aufsteigend in die richtige Reihenfolge bringen?

_____ Polizeihauptmeister

_____ Polizeikommissarin

_____ Polizeihauptkommissarin

_____ Polizeiobermeisterin

_____ Polizeimeister

_____ Polizeioberkommissar

2 Damit auch für die Bevölkerung sichtbar ist, welchen Dienstrang eine Beamtin innehat, sind die Uniformen der Polizeimitarbeitenden mit Schulterklappen versehen. Wüssten Sie anhand der Uniform, mit wem Sie es zu tun haben?

Finden Sie den Dienstrang zu dieser Schulterklappe heraus!

DER FALL

Sie sind sich sicher, dass die Täter nur durch das Fenster im zweiten Obergeschoss gelangt sein können. Alle anderen Ein- und Ausgänge sind durch Alarmanlagen geschützt. Ihr Anfangsverdacht, dass es womöglich einen Komplizen unter den Mitarbeitenden des Bode-Museums gegeben haben könnte, erhärtet sich ein weiteres Mal. Denn das Fenster, das den Einbruch überhaupt erst ermöglichte, befindet sich in der Umkleidekabine für das männliche Personal. Und nur das Personal des Museums weiß von der fehlenden Alarmsicherung des Fensters.

Bevor Sie sich jedoch an die Befragung von Zeugen machen, untersuchen Sie die Umgebung rund um das Museum genauer. Dort, so Ihre vage Hoffnung, könnten noch Spuren zu finden sein, die Sie auf die Fährte der gestohlenen Big Maple Leaf bringen. Und Sie haben noch eine weitere Vermutung: Ein kleines Indiz könnte ausreichen, um aus einem potenziellen Zeugen einen Verdächtigen zu machen ...

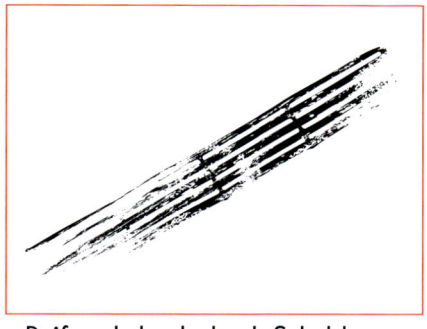

Reifenabdruck durch Schubkarre

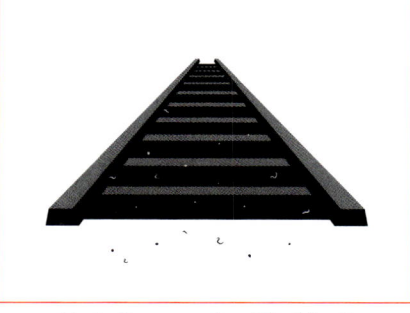

Metallspuren im Gleisbett

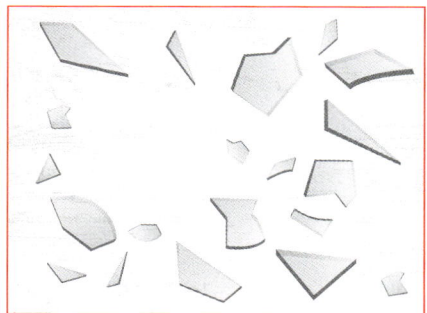

Glasscherben am Boden

Eine kleine Enttäuschung sind diese Funde schon. Eigentlich hatten Sie sich Videoaufzeichnungen der Täter aus dem Museum, Fingerabdrücke oder Faserreste erhofft. Eine Spur aber weckt Ihr Interesse und Sie lassen diese umgehend von den Kollegen aus der Forensik untersuchen. Welche?

Die Grafiken sind fiktiv.

RÄTSEL

NR. 6

1 Um schnell an sehr viel Geld zu kommen, muss man nicht unbedingt in ein Museum einsteigen. Dass es auch anders – wenn auch nicht weniger kriminell – geht, beweisen diese Herren. Welcher von ihnen wurde nicht wegen Kunstfälschung verurteilt?

Kreuzen Sie an!

☐ Konrad Kujau

☐ Lothar Malskat

☐ Wolfgang Beltracchi

☐ Wolfgang Lämmle

2 Dass die Motivation für Betrügereien nicht immer ausschließlich monetär sein muss, beweisen die folgenden Kandidaten. Wofür gehen diese Betrüger wohl in die (Krimi-) Geschichte ein? (Mehrfachnennung ist möglich)

Ordnen Sie zu!

Claas Relotius	Gefälschte Reportagen
Jan Marsalek	Marktmanipulation
Anna Sorokin	Titelbetrug als Arzt
Gert Uwe Postel	Identitätsschwindel
Anna Anderson	Wissenschaftsbetrug
Marion Brach	

DER FALL

NR. 10

Fast müssen Sie schmunzeln, als Sie sich die Ergebnisse der letzten Tage ansehen: Ein guter Ermittler braucht eben nicht nur eine erstklassige Kombinationsgabe und jede Menge Erfahrung — sondern manchmal auch ein Quäntchen Glück.

In Ihrem Fall hat das Quäntchen Glück einen Namen: Herr B, der als Wachmann im Bode-Museum arbeitete.

Bei dem Versuch, eine Tankladung zu stehlen, wurde er von einem Ihrer Kollegen erwischt. Bei der Aufnahme der Personalien machte dieser eine interessante Entdeckung: Im Auto lag die vollgekritzelte Infobroschüre des Bode-Museums.

Zwar waren die Notizen nicht besonders hilfreich, aber seine DNA stimmt mit Spuren am Fenster überein, durch das die Täter mutmaßlich ins Museum gelangt sind. Darüber hinaus haben Sie eine unglaubliche Spur beim Background-Check des jungen

Mannes aufgetan: Er hatte nicht nur Benzin geklaut, er war auch schon anderweitig polizeilich aufgefallen – und war laut Unterlagen mit einem Familienmitglied eines berüchtigten Berliner Clans in dieselbe Schulklasse gegangen.

Handelt es sich hier um Zufälle oder eine valide Spur? Sie müssen mehr über Herrn B und eine mögliche Beziehung zu einem der Clan-Mitglieder herausfinden.

Zeit, die schweren Geschütze aufzufahren. Sie müssen eine Person treffen, die sich bestens in dem in Rede stehenden Berliner Clan-Milieu auskennt, um an brauchbare Informationen zu kommen. Wen treffen Sie?

RÄTSEL

NR. 2

1 Spusi, Kripo, BKA – die Welt der Verbrechensbekämpfung steckt voller Abkürzungen.

Wofür stehen diese bei der Polizei üblichen Abkürzungen?

HILO: _____

INPOL: _____

JVA: _____

WaSchuPo: _____

2 Bei der Untersuchung von Spuren werden Kriminalbeamtinnen meist von einer Vielzahl fachkundiger Experten und Gutachter unterstützt. Wissen Sie, wo welcher Spezialist zum Einsatz kommt?

Ordnen Sie zu!

Ballistiker   Rechts-   Steuersach-   Pathologin   Kriminalbiologin
           medizinerin   verständiger

Steuer-   Reagenzglas   Blutspur   Leiche mit   Leiche ohne äußerlich
nachweise   mit Haar   Einschuss   erkennbare Verletzung

DER FALL
NR. 7

Ihre bisherigen Ermittlungen haben noch nicht den entscheidenden Hinweis zutage gefördert. Sie überlegen also, wo es noch belastbare Spuren geben könnte – und haben einen Geistesblitz: Überwachungskameras in der Umgebung des Museums!

Da Sie den wahrscheinlichen Tathergang zeitlich rekonstruiert haben, können Sie nun sehr gezielt die richtigen Aufnahmen sichten – und werden tatsächlich schnell fündig: Gegen 03:00 Uhr am Tatabend zeichnete die Kamera der S-Bahn-Station Hackescher Markt drei vermummte Gestalten auf, die sich in Richtung Gleise bewegten.

Und auf der Kamera einer Baustelle neben dem Monbijou-Park wird um 03:52 Uhr ein Auto aufgenommen, das mit ausgeschaltetem Scheinwerfer-Licht die Spree entlangfährt. Ob es sich hier um das Fluchtfahrzeug handelt? Der Zeitpunkt würde zumindest passen …

Leider ist die Kameraaufnahme zu schlecht, um das Kennzeichen des mutmaßlichen Flucht-
wagens zu erkennen. Versuchen Sie anhand des Bildes, das Automodell zu bestimmen. Die
Recherche mithilfe des Internets oder autonärrischer Freunde ist hier ausdrücklich erlaubt!

_____

Bildmaterial ist fiktiv.

RÄTSEL

NR. 10

1 Die Polizei kann von verschiedenen Personen Informationen zu Tatbeständen erhalten. Welche Aussagen zu diesen Unterstützern der Polizeiarbeit treffen zu?

Kreuzen Sie an!

☐ Eine V-Person (Vertrauensperson) ist jemand, der der Polizei Informationen zur Aufklärung eines Falls liefert.

☐ Ein Verdeckter Mitarbeiter ist ein Mitglied der Polizei und schleust sich unerkannt in verbrecherische Milieus ein, um an Hintergrundwissen zu gelangen.

☐ Eine Informantin gibt der Polizei entgeltlich oder unentgeltlich Insiderwissen zu einem Einzelfall.

2 In kriminellen Kreisen ist im Zusammenhang mit Zeugenaussagen hin und wieder vom sogenannten »Einunddreißiger« die Rede. Was ist hier gemeint?

Kreuzen Sie die richtige Antwort an!

☐ »Kommando 31« ist das Codewort für Verdeckte Ermittlerinnen bei der Polizei. Diese sind dann die »Einunddreißiger«.

☐ Im Paragraph 31 des Bundesverfassungsschutzgesetzes ist die Behandlung von V-Personen geregelt – diese werden daher gemeinhin als »Einunddreißiger« bezeichnet.

☐ Paragraph 31 im Betäubungsmittelgesetz sieht vor, dass Straftäter Strafmilderung für den Verrat von Mittätern und Komplizen erhalten. Sie werden dann »Einunddreißiger« genannt.

DER FALL
NR. 9

Noch immer warten Sie wie auf glühenden Kohlen, dass Sie den entscheidenden Hinweis finden. Die DNA-Spuren, die Kameraaufnahmen, die Zeugenbefragungen – jede Fährte scheint Sie nur weiter von der Spur der Goldmünzen-Diebe abzubringen.

Für heute können Sie wohl nichts mehr tun, also beschließen Sie, früh heimzugehen und sich eine volle Portion Schlaf zu genehmigen. Das gelingt einer Spitzen-Ermittlerin wie Ihnen ja eher selten.

Auf dem Parkplatz begegnet Ihnen ein Kollege von der Streifenpolizei, dem Sie zum Abschied müde winken.

»Warten Sie noch einen Moment«, ruft der Beamte, als Sie gerade an ihm vorbei zur U-Bahn schlendern. »Suchen Sie nicht die Jungs, die kürzlich ins Bode-Museum eingestiegen sind? Ich habe vor einigen Tagen bei einem Tankdieb etwas Interessantes im Wagen gefunden …«

Der Polizist schildert, wie er bei der Kontrolle eine mit seltsamen Notizen vollgekritzelte Broschüre im Wagen des kontrollierten Tankdiebs entdeckt hat. Es handelte sich dabei um eine Infobroschüre für ein Berliner Museum — das Bode-Museum.

Sofort ist Ihnen klar, dass aus dem zeitigen Feierabend nichts mehr wird, es gibt allerhand zu tun. Sie brauchen Informationen. Welche bisherigen Hinweise müssen Sie mit der Identität des Tankdiebs abgleichen, um Ihren Verdacht zu überprüfen?

- Name abgleichen mit: _____ .

- _____ Spuren auf Seil, Leiter, Schubkarre.

- Umfeld untersuchen auf: _____ .

- _____ Kameraaufnahmen.

RÄTSEL

NR. 3

1 Die DNA-Analyse hat die Arbeit von Kriminalbeamtinnen und Forensikern erheblich verändert und in vielerlei Hinsicht erleichtert. Dabei handelt es sich um eine vergleichsweise junge Technik. Seit wann ist sie Bestandteil klassischer Ermittlungsarbeit in Deutschland?

Schätzen Sie!

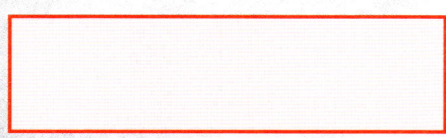

2 Bei der Aufklärung eines Verbrechens und vor allem bei der späteren Verurteilung durch das Strafgericht spielen Spuren eine zentrale Rolle. Aber Spur ist nicht gleich Spur. Es wird unterschieden zwischen:

Ordnen Sie zu!

Formspur   **Materialspur**   **Situationsspur**   **Gegenstandsspur**

eingeschlagenes
Fenster

Ziegelstein

Faserspuren am
Ziegelstein

Fußspur im
Teppichboden

DER FALL
NR. 6

Sie schicken ein weiteres Mal die Spurensicherung los, um Hinweise zu sammeln, die die Täter auf ihrem Fluchtweg vom Bode-Museum hinterlassen haben könnten. Und tatsächlich werden Sie rasch fündig.

Die Kolleginnen, die die Spuren dokumentiert und zur Analyse ins Labor gebracht haben, zeichnen Ihnen die Fundorte auf der Karte ein.

Offenbar haben die Täter die Münze über die Gleise bis zum nahegelegenen Monbijou-Park gebracht. Dort haben sie wohl das später von den Ermittlern gefundene Seil genutzt, um die Münze vom Gleis zu schaffen.

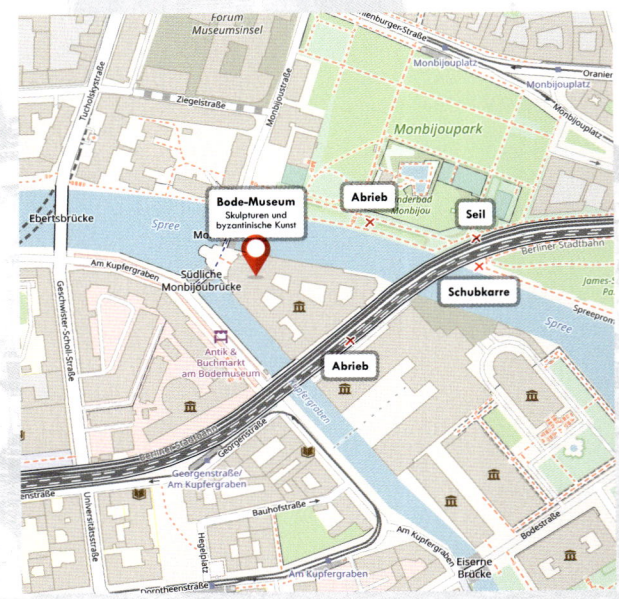

Der mögliche Tatablauf beginnt in Ihrem Kopf Gestalt anzunehmen. Für eine lückenlose Theorie müssen Sie nur noch einen zeitlichen Ablauf des möglichen Tathergangs aufstellen. Vervollständigen Sie den Zeitstrahl und finden Sie heraus, wann die Tat und die Flucht passiert sein müssten:

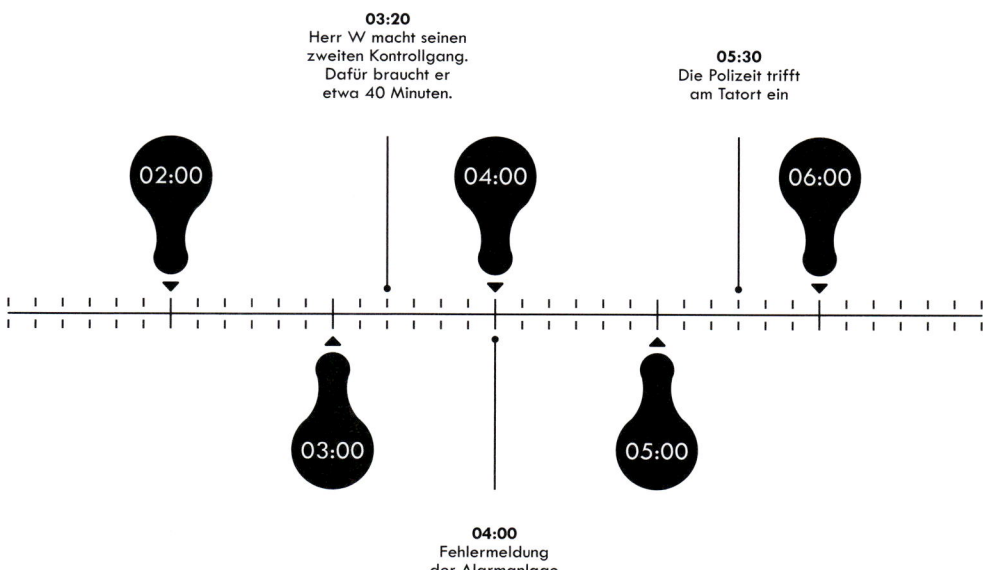

03:20
Herr W macht seinen
zweiten Kontrollgang.
Dafür braucht er
etwa 40 Minuten.

05:30
Die Polizei trifft
am Tatort ein

02:00

04:00

06:00

03:00

05:00

04:00
Fehlermeldung
der Alarmanlage

Markierungen auf Karte und Diagramm sind fiktiv.

RÄTSEL

NR. 9

1 Organisierte Kriminalität heißt ja auch deshalb so, weil sie strengen hierarchische Ordnungen unterworfen ist. Die berühmtberüchtigte Cosa Nostra etwa besteht aus einzelnen Gruppen, die »Famiglia« genannt werden.

Bringen Sie die Ränge der Famiglia in die richtige absteigende Reihenfolge!

_____ Soldato

_____ Consigliere

_____ Capo

_____ Underboss

_____ Boss

_____ Associato

2 Spätestens seit der Globalisierung wissen die meisten, dass Clan-Kriminalität und mafiöse Strukturen nicht nur in Italien zu finden sind.

Können Sie diese kriminellen Clans Ihren Ursprüngen zuordnen?

- Yakuza
- Triaden
- Cosa Nostra
- Camorra
- Cali-Kartell
- Vory w zakone

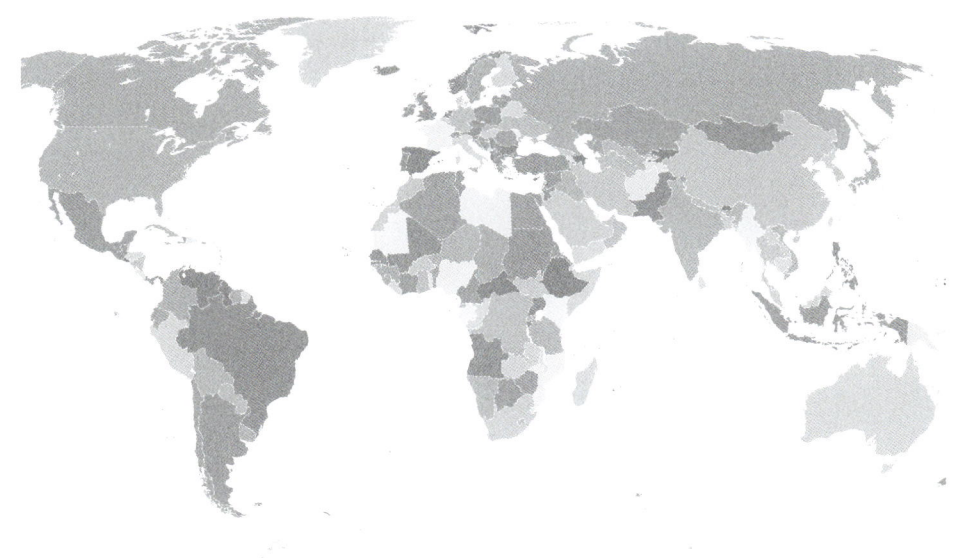

DER FALL
NR. 2

Eines ist sicher: Beim Diebstahl der riesigen Goldmünze müssen mehrere Täter beteiligt gewesen sein. Die Beute ist viel zu groß und zu schwer, um sie alleine zu transportieren. Außerdem erscheint es merkwürdig, dass die Diebe vollkommen unbemerkt von Alarmsicherung und Wachpersonal ins Museum und wieder hinauskommen konnten.

Solange die Spuren, die am Tatort gesammelt worden sind, im Labor von Sachverständigen ausgewertet werden, beschäftigen Sie sich mit der Rekonstruktion des Tathergangs. Ihre wichtigsten Fragen: Wie und von wo kamen die Goldmünzendiebe ins Museum? Und wohin verschwanden sie dann damit?

Sie sehen sich den Lageplan des Bode-Museums an, auf dem der Chef des Sicherheitsdienstes bereits die alarmgesicherten Bereiche eingezeichnet hat. Bei genauerem Studium des Plans erkennen Sie: Die Täter können nur von einem möglichen Punkt eingedrungen sein. Markieren Sie die mutmaßliche Einbruchstelle auf dem Plan!

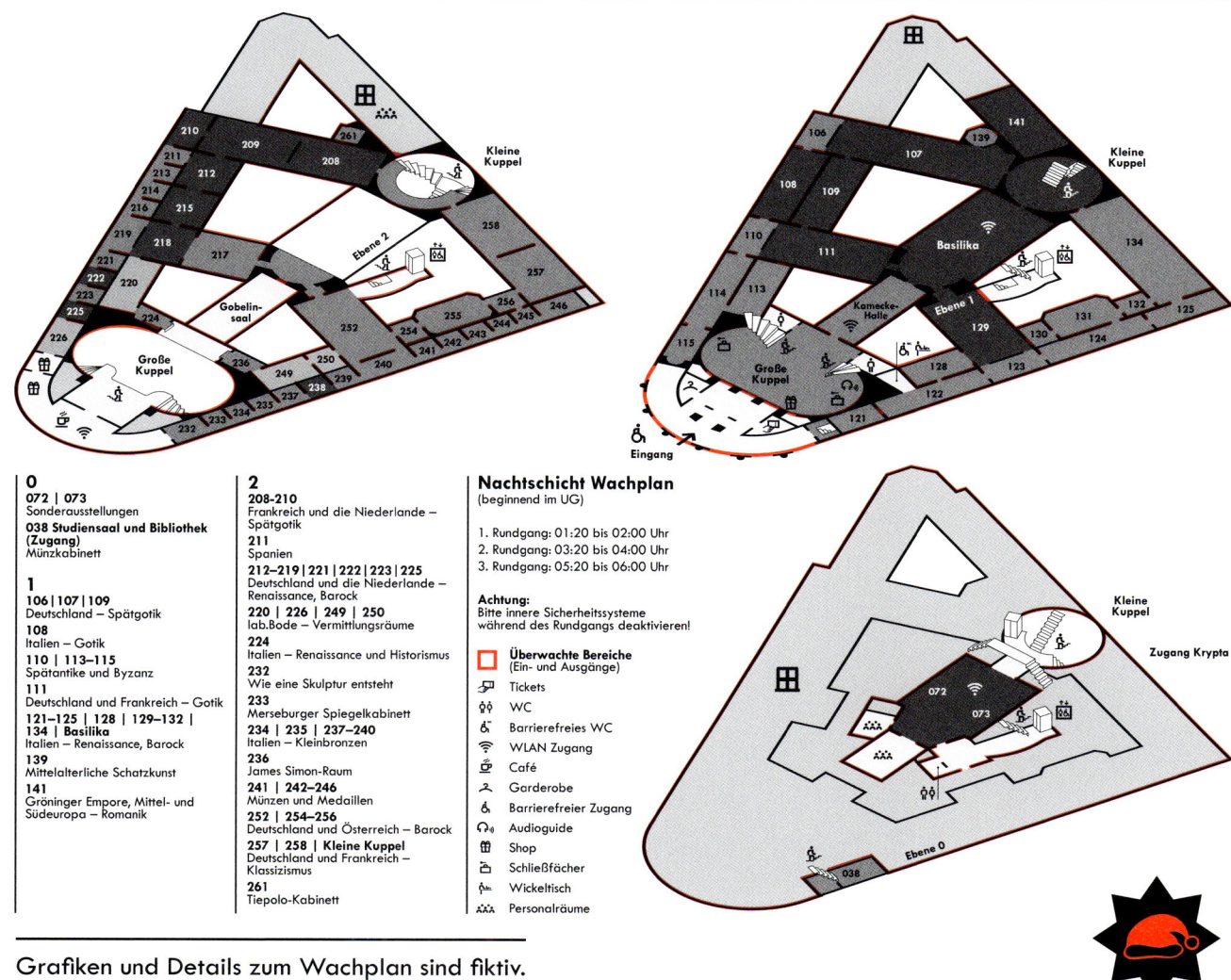

0
072 | 073
Sonderausstellungen
038 Studiensaal und Bibliothek (Zugang)
Münzkabinett

1
106 | 107 | 109
Deutschland – Spätgotik
108
Italien – Gotik
110 | 113–115
Spätantike und Byzanz
111
Deutschland und Frankreich – Gotik
121–125 | 128 | 129–132 |
134 | Basilika
Italien – Renaissance, Barock
139
Mittelalterliche Schatzkunst
141
Gröninger Empore, Mittel- und Südeuropa – Romanik

2
208–210
Frankreich und die Niederlande – Spätgotik
211
Spanien
212–219 | 221 | 222 | 223 | 225
Deutschland und die Niederlande – Renaissance, Barock
220 | 226 | 249 | 250
lab.Bode – Vermittlungsräume
224
Italien – Renaissance und Historismus
232
Wie eine Skulptur entsteht
233
Merseburger Spiegelkabinett
234 | 235 | 237–240
Italien – Kleinbronzen
236
James Simon-Raum
241 | 242–246
Münzen und Medaillen
252 | 254–256
Deutschland und Österreich – Barock
257 | 258 | Kleine Kuppel
Deutschland und Frankreich – Klassizismus
261
Tiepolo-Kabinett

Nachtschicht Wachplan
(beginnend im UG)

1. Rundgang: 01:20 bis 02:00 Uhr
2. Rundgang: 03:20 bis 04:00 Uhr
3. Rundgang: 05:20 bis 06:00 Uhr

Achtung:
Bitte innere Sicherheitssysteme während des Rundgangs deaktivieren!

□ **Überwachte Bereiche**
(Ein- und Ausgänge)
Tickets
WC
Barrierefreies WC
WLAN Zugang
Café
Garderobe
Barrierefreier Zugang
Audioguide
Shop
Schließfächer
Wickeltisch
Personalräume

Grafiken und Details zum Wachplan sind fiktiv.

RÄTSEL
NR. 7

1 Kaum ein Thema wird in der Öffentlichkeit so hitzig diskutiert wie der Schutz unserer Daten und Privatsphäre. Wer einer Straftat verdächtigt wird, kann diesen besonderen Schutz verlieren. Aber welche Aussagen zur Überwachung Tatverdächtiger treffen zu?

Kreuzen Sie an!

☐ Die Observation – also optische Beschattung – eines Beschuldigten muss von der Staatsanwaltschaft angeordnet werden.

☐ Das Abhören von Gesprächen Verdächtiger kann nur ein Richter anordnen.

☐ Werden Telefon und Handy eines Beschuldigten überwacht, dürfen Ermittler auch auf die Endgeräte Dritter zugreifen.

☐ Wird eine Person einer schweren Straftat wie Totschlag oder Mord beschuldigt, dürfen die Ermittler deren Standort über das Handy verfolgen.

2 Inzwischen werden viele öffentliche Plätze videoüberwacht. Die Überwachungskameras sollen vor allem der Abschreckung möglicher Täter dienen. Trotzdem sind die Kameras häufig so unauffällig, dass man sie überhaupt nicht bemerkt.

Finden Sie die Kameras auf diesem Foto aus der Berliner Innenstadt?

DER FALL

NR. 11

Ihre V-Person hört sich in der Szene um. Auch von dem Museumseinbruch schnappen Ihre Informanten etwas auf.

Mehrere Jungs, heißt es, hätten mit der Riesengoldmünze zu tun gehabt. Nur um wen konkret es sich handelt, darüber erhalten die V-Personen widersprüchliche Informationen. Trotzdem wird sehr schnell klar, dass zu den Tätern möglicherweise auch Angehörige des Clans zählen könnten.

Nach einiger Zeit verdichten sich die Gerüchte und Beweise durch DNA-Spuren und eine umfangreiche Telefonüberwachung, es kristallisieren sich drei junge Männer heraus, die Sie für die mutmaßlichen Täter halten.

Außerdem halten Sie die Aufsichtsperson Herr B weiterhin für den mutmaßlichen Informanten, der den Einbrechern das Einsteigen ins Bode-Museum überhaupt erst ermöglichte.

Die Aussagen Ihres V-Manns und Ihre bisherigen Spuren reichen aus, um weitere Schritte gegen die vier Männer einzuleiten. Es wird Zeit, den Verdächtigen auf den Zahn zu fühlen …

Sie organisieren einen groß angelegten Einsatz, bei dem alle Beschuldigten durchsucht werden sollen. Dass dabei die Wohnungen der vier Verdächtigen auf den Kopf gestellt werden, ist klar, reicht aber noch lange nicht aus. Wo müssen Sie außerdem nach Hinweisen suchen?

1. _____ .

2. _____ .

3. _____ .

RÄTSEL

NR. 5

1 Dass ein hungriger Mensch, der beim Bäcker eine Scheibe Brot stibitzt, nicht gleich zu bestrafen ist wie ein Bankräuber, ist nachvollziehbar. Daher wird im Strafgesetz auch zwischen unterschiedlichen Tatbeständen unterschieden:

- Räuberischer Diebstahl

- Raub

- Einfacher Diebstahl

Ordnen Sie die Fallbeispiele dem richtigen Tatbestand zu!

Der Schuldige hat einen Passanten niedergeschlagen und dessen Portemonnaie eingesteckt.

Die Schuldige hat einen Schokoriegel im Laden eingesteckt und ist ohne zu zahlen gegangen.

_____

Der Schuldige wurde beim Ladendiebstahl eines teuren Whiskeys erwischt und bedrohte den Ladeninhaber mit einem Messer, um davonzukommen.

_____

2   Die Angst vor Wohnungseinbrüchen in Deutschland ist groß. Aber wie wahrscheinlich ist es eigentlich, dass wirklich bei einem eingebrochen wird?

Schätzen Sie, wie häufig im Schnitt (pro Jahr) in Deutschland bei Privatpersonen eingebrochen wird und kreuzen Sie die richtige Antwort an!*

☐ bis zu 9.000-mal

☐ bis zu 90.000-mal

☐ bis zu 200.000-mal

*Es wurden Einbruchstatistiken aus dem Jahr 2019 herangezogen.

DER FALL

NR. 4

Ihre Kolleginnen haben inzwischen alle Zeugen vernommen und legen Ihnen die Aussagen sowie den Schichtplan des Personals vor. Mehrfach lesen Sie die Mitschriften und kratzen sich schließlich grübelnd den Hinterkopf: Eine der Aussagen kommt Ihnen faul vor. Welche?

Herr B: Ich bin noch nicht so lange hier im Einsatz, daher wusste ich auch nichts von irgendeinem Fenster. Herrn W kenne ich eigentlich kaum. Bisher habe ich nur Herrn Z oder Frau K abgelöst und umgekehrt. Ich hatte das Gefühl, er möchte mich schnell loswerden. Da das unsere erste Übergabe war, habe ich mir aber nichts dabei gedacht und bin schließlich nach Hause gegangen.

Herr Z: Herr W und ich sind schon länger Kollegen und ich verstehe mich gut mit ihm. Dass er etwas mit dem Vorfall zu tun hat, glaube ich nicht. Dafür ist er zu korrekt. Klar wusste er von dem ungesicherten Fenster, aber das weiß eigentlich jeder, der mit uns die Umkleide benutzt.

Herr W: Da der Kollege bei der Übergabe nichts Besonderes zu berichten hatte, habe ich ihn nach wenigen Minuten heimgeschickt. Ich weiß noch, wie ich gleich zu Beginn einen (nicht protokollierten) Rundgang gemacht habe. Seitdem vor einer Woche dieses ungesicherte Fenster auch noch gesprungen ist, bin ich ziemlich übervorsichtig. Anscheinend nicht vorsichtig genug …

	Schicht	Montag 20.3.	Dienstag 21.3.	Mittwoch 22.3.	Donnerstag 23.3.	Freitag 24.3.	Samstag 25.3.	Sonntag 26.3.	Montag 27.3.
Wacht (Security)	6:00 bis 15:00	Frau K	Herr W	Herr W	Urlaubsvertretung	Frau K	Frau K	Frau K	Frau K
	15:00 bis 0:00	Herr Z	Herr Z	Urlaubsvertretung	Herr Z	Herr B	Herr Z	Herr B	Herr Z
	0:00 bis 6:00	Urlaubsvertretung	Herr B	Herr B	Herr W	Herr Z	Herr W	Herr W	Herr W
Reinigung	6:00 bis 10:00	Frau S							Frau S
	18:00 bis 21:00		Frau M			Frau M	Frau M		
Empfang	9:00 bis 13:00	Ruhetag	Frau T	Frau T	Frau P	Frau P	Frau G	Frau G	
	13:00 bis 19:00	Ruhetag	Frau S	Herr S	Herr S	Herr S	Frau T	Frau T	

Frau K: Ich hatte einen ganz normalen Arbeitstag. Wie jeden Sonntag habe ich um 14:00 Uhr einen letzten Kontrollgang gemacht und dann pünktlich um 15:00 Uhr an Herrn B übergeben. Von einem defekten Fenster wusste ich bisher nichts. Aber unter uns: Wundern tut es mich nicht bei den Sicherheitseinsparungen der letzten Jahre. Das merkt man eben nicht nur am Personal …

Schichtplan, Namen und Aussagen sind fiktiv.

DER FALL
FINALE

Am 10. Januar 2019 – fast zwei Jahre nach dem Einbruch ins Bode-Museum – stehen die vier mutmaßlichen Täter vor der Jugendkammer des Berliner Landgerichts.

Ihnen wird der Einbruch ins Bode-Museum, gemeinschaftlicher Diebstahl der seltenen Goldmünze sowie deren mutmaßliche Veräußerung zur eigenen Bereicherung vorgeworfen. Einer der mutmaßlichen Täter half als Tippgeber. Die Anklage stützt sich dabei insbesondere auf mehrere entscheidende Indizien: die Aufnahmen der Überwachungskameras, diverse DNA-Spuren, die Goldspuren im Auto und an Kleidung von einem Verdächtigen sowie den »Goldzettel«, der in der Wohnung eines Angeklagten gefunden wurde. Sachverständige gehen davon aus, dass es sich bei den Notizen auf dem Goldzettel um Wechselkurse und den – zum Tatzeitpunkt aktuellen – Goldpreis handelt. Die Staatsanwaltschaft ist sich sicher, dass hier der Marktpreis errechnet wurde, zu dem die Diebe Teile der seltenen Münze verkaufen wollten. Und es vermutlich auch getan haben. Denn die Spuren auf den Goldpartikeln, die bei einem der Angeklagten gefunden wurden, lassen darauf schließen, dass die riesige Big Maple Leaf zerteilt worden ist, um sie leichter zu verstecken, zu transportieren oder zu verkaufen. Dafür spricht, dass die riesige Goldmünze trotz vehementer Bemühungen der Beamtinnen bis heute nicht gefunden werden konnte.

Für Sie ergibt sich folgender wahrscheinlicher Tathergang: Der Aufsichtsmann des Bode-Museums hat den drei Clan-Mitgliedern mit Insider-Informationen den Einbruch ins Bode-Museum ermöglicht. Nur so konnten die Täter in das einzig nicht gesicherte Fenster in der Herrenumkleide des Personals eindringen und von dort an die Big Maple Leaf gelangen. Unter Einsatz verschiedener Werkzeuge und Transport-vehikel haben die Diebe die Münze innerhalb kürzester Zeit aus dem Museum geschafft. Aber die Angeklagten schweigen zu den Vorwürfen oder bestreiten sie. Und ohne die Beute, belastbare Aussagen oder gar Geständnisse der Angeklagten bleibt Ihnen nur, auf das Urteil des Richters zu warten …

STAND JULI 2021:

Beim Kriminalfall, der als Inspiration für diesen Adventskalender dient, ist die aktuelle Prozesslage bezüglich der vier (ursprünglich) Angeklagten folgende: Es gibt einen rechtskräftigen Freispruch, weil eine Beteiligung nicht nachgewiesen werden konnte. Zwei Einbrecher und der Tippgeber wurden rechtskräftig zu mehrjährigen Jugendstrafen verurteilt.

Sie wollen wissen, wie sich der wahre Fall des Münzdiebstahls im Bode-Museum zugetragen hat und welche spannenden Hintergründe dazu bekannt sind? Dann tauchen Sie in die ZEIT Verbrechen-Folge »Lockruf des Goldes« vom 28. Dezember 2021 ein! ZEIT-Autor Tobias Timm spricht mit Sabine Rückert und Andreas Sentker über die Hintergründe des faszinierenden Kunstdiebstahls und gibt ein Update, wie es um den Strafprozess steht.

Wenn Sie diesen QR-Code scannen, gelangen Sie zur Podcastfolge:

www.zeit.de/verbrechen-goldmuenze

Tipp: Verbrechen aus der Kunstwelt faszinieren Sie? Dann empfehlen wir das Buch »Kunst und Verbrechen«, in dem Tobias Timm gemeinsam mit Stefan Koldehoff eindrucksvolle Fälle wie den »Münzdiebstahl« analysiert und aufzeigt, was sich im System Kunstmarkt und in Museen ändern muss. (Kiepenheuer & Witsch, 2020 – 978-3-86971-176-8)

LÖSUNGSTEIL

DER FALL NR. 1

Für jede richtige Zuordnung erhalten Sie einen Punkt.

1. Wie konnte die riesige Münze unbemerkt aus dem Museum geschafft werden?
2. Wie sind die Täter ins Museum gekommen, ohne die Alarmanlage auszulösen?
3. Warum hat der Wachmann die Eindringlinge nicht gehört?

Mögliche Antworten wären auch gewesen:

4. Wie kamen die Täter unbemerkt ins Museum und wieder heraus?
5. Wie und wohin wurde die Münze fortgeschafft?
6. Warum haben sich die Täter ausgerechnet für die schwere Goldmünze entschieden?

Gesamtpunktzahl: _____

RÄTSEL NR. 1

FRAGE 1

Für jede richtige Zuordnung erhalten Sie einen Punkt.

- wahr: Die Untersuchung von Schmauchspuren fällt in den Tätigkeitsbereich von Ballistikern.
- falsch: Pathologen brauchen – im Gegensatz zu Gerichtsmedizinern – kein abgeschlossenes Medizinstudium.
  - → Auch Pathologen schließen das Medizinstudium ab. Der Unterschied liegt in der späteren Spezialisierung der Mediziner.
- wahr: Die Identifizierungskommission des BKA beschäftigt sich ausschließlich mit der Identifikation von Opfern.
- falsch: Die Analyse von genetischen Spuren wird auch Daktyloskopie genannt.
  - → Als Daktyloskopie wird die Identifikation von Fingerabdruckspuren bezeichnet.

FRAGE 2

Für jede richtige Zuordnung erhalten Sie einen Punkt.

- Die Kriminalistik analysiert Straftaten basierend auf Tatsachen.
- Die Kriminologie analysiert Straftaten basierend auf Ursachen.
- Die Kriminalistik setzt sich mit Taktiken zur Überführung Straffälliger auseinander.
- Die Kriminologie setzt sich mit Methoden zum Umgang mit Opfern auseinander.
- Die Kriminalistik ist vor allem als Methodik zu verstehen.
- Die Kriminologie ist vor allem als Forschung zu verstehen.

Gesamtpunktzahl: _____

DER FALL NR. 2

- **3 Punkte**: Richtiges Fenster
- **2 Punkte**: Richtiges Stockwerk
- **1 Punkt**: Richtige Gebäudeseite
- **0 Punkte**: Falsche Lösung

Gesamtpunktzahl: _____

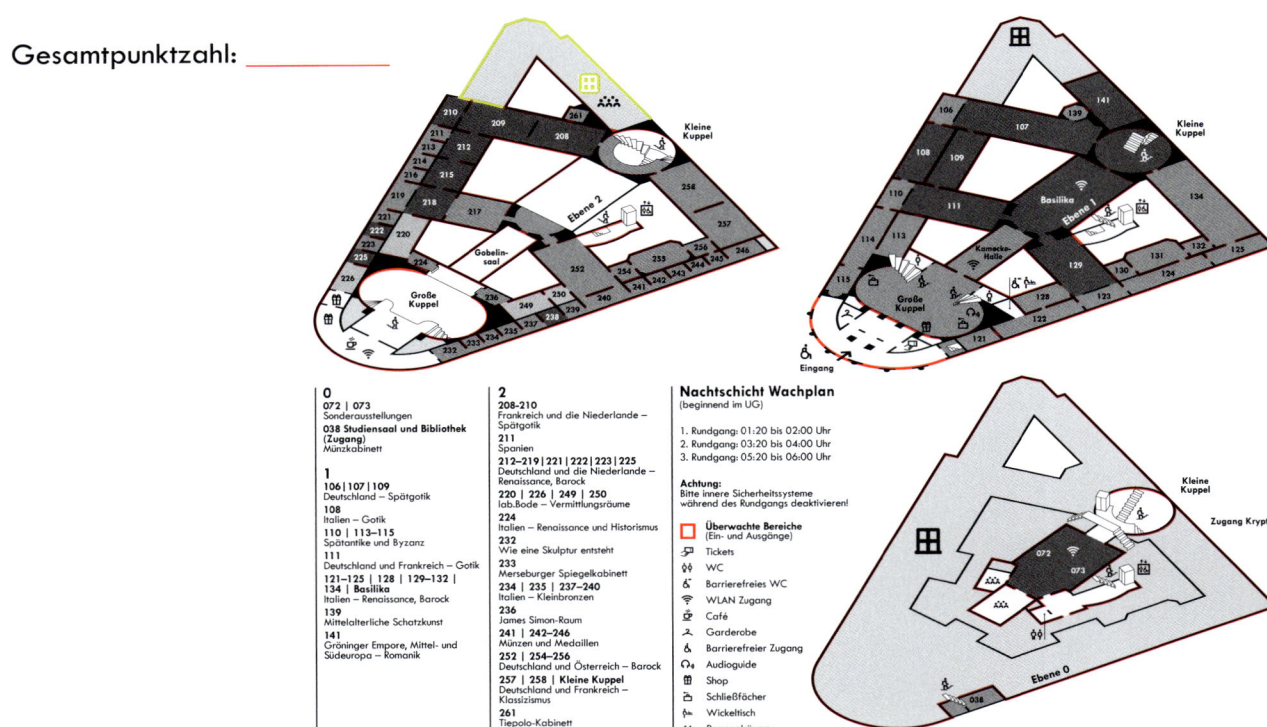

0
072 | 073
Sonderausstellungen
038 Studiensaal und Bibliothek (Zugang)
Münzkabinett

1
106 | 107 | 109
Deutschland – Spätgotik
108
Italien – Gotik
110 | 113–115
Spätantike und Byzanz
111
Deutschland und Frankreich – Gotik
121–125 | 128 | 129–132 | 134 | Basilika
Italien – Renaissance, Barock
139
Mittelalterliche Schatzkunst
141
Gröninger Empore, Mittel- und Südeuropa – Romanik

2
208–210
Frankreich und die Niederlande – Spätgotik
211
Spanien
212–219 | 221 | 222 | 223 | 225
Deutschland und die Niederlande – Renaissance, Barock
220 | 226 | 249 | 250
lab.Bode – Vermittlungsräume
224
Italien – Renaissance und Historismus
232
Wie eine Skulptur entsteht
233
Merseburger Spiegelkabinett
234 | 235 | 237–240
Italien – Kleinbronzen
236
James Simon-Raum
241 | 242–246
Münzen und Medaillen
252 | 254–256
Deutschland und Österreich – Barock
257 | 258 | Kleine Kuppel
Deutschland und Frankreich – Klassizismus
261
Tiepolo-Kabinett

Nachtschicht Wachplan
(beginnend im UG)

1. Rundgang: 01:20 bis 02:00 Uhr
2. Rundgang: 03:20 bis 04:00 Uhr
3. Rundgang: 05:20 bis 06:00 Uhr

Achtung:
Bitte innere Sicherheitssysteme während des Rundgangs deaktivieren!

- ☐ Überwachte Bereiche (Ein- und Ausgänge)
- 🚪 Tickets
- 🚻 WC
- ♿ Barrierefreies WC
- 📶 WLAN Zugang
- ☕ Café
- 🧥 Garderobe
- ♿ Barrierefreier Zugang
- 🎧 Audioguide
- 🛍 Shop
- 🔒 Schließfächer
- Wickeltisch
- Personalräume

RÄTSEL NR. 2

FRAGE 1

Für jede richtige Zuordnung erhalten Sie einen Punkt.

- **HILO**: Hilflose Person
- **INPOL**: Informationssystem der Polizei
- **JVA**: Justizvollzugsanstalt
- **WaSchuPo**: Wasserschutzpolizei

FRAGE 2

Für jede richtige Zuordnung erhalten Sie einen Punkt.

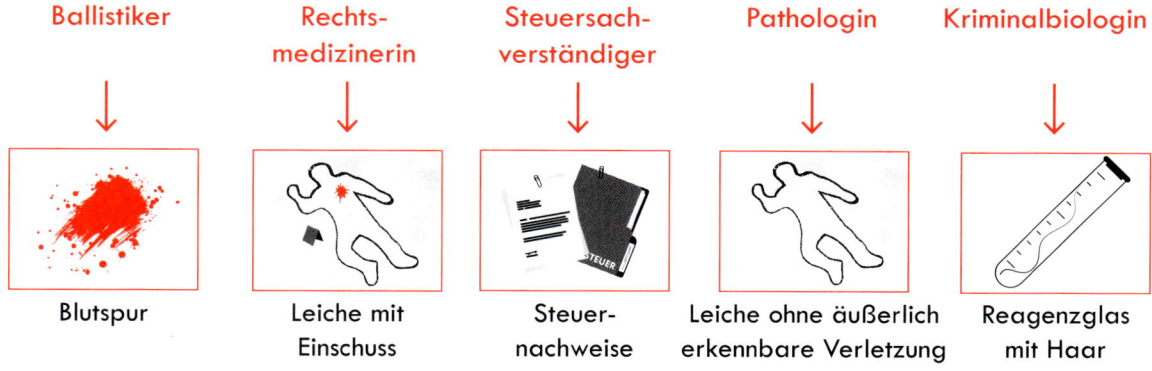

Ballistiker	Rechts-medizinerin	Steuersach-verständiger	Pathologin	Kriminalbiologin
Blutspur	Leiche mit Einschuss	Steuer-nachweise	Leiche ohne äußerlich erkennbare Verletzung	Reagenzglas mit Haar

Gesamtpunktzahl: _____

DER FALL NR. 3

Die Metallspuren im Gleisbett sollten Sie sich genauer ansehen. Wenn Sie beweisen können, dass es sich bei den Spuren um den Abrieb des sehr feinen Goldes der Big Maple Leaf handelt, wissen Sie, in welche Richtung sich die Täter mit der Beute aus dem Staub gemacht haben und können in diese Richtung weiter fahnden.

Die anderen beiden Spuren können auch auf dem Weg ins Bode-Museum entstanden sein.

PUNKTEVERGABE:

- **3 Punkte**: Metallspuren
- **2 Punkte**: Abdrücke von einer Schubkarre
- **1 Punkt**: Scherben

Gesamtpunktzahl: _____

RÄTSEL NR. 3

FRAGE 1

Für jede richtige Zuordnung erhalten Sie einen Punkt.

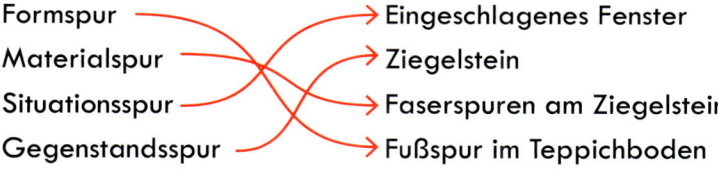

Formspur   → Eingeschlagenes Fenster

Materialspur   → Ziegelstein

Situationsspur   → Faserspuren am Ziegelstein

Gegenstandsspur   → Fußspur im Teppichboden

FRAGE 2

Seit 1998 wird die Technik standardmäßig eingesetzt.

Wie nahe Sie der richtigen Antwort gekommen sind, entscheidet über Ihre Punktzahl:

- 0 bis 3 Jahre daneben: 3 Punkte
- 3 bis 5 Jahre daneben: 2 Punkte
- 5 bis 10 Jahre daneben: 1 Punkt
- mehr als 10 Jahre daneben: 0 Punkte

Alec Jeffreys, ein britischer Professor der Naturwissenschaft, entwickelte die Technik zur genetischen Fingerabdruck-Analyse bereits im Jahr 1984. Erst vier Jahre später wurde diese in einem Strafprozess in Deutschland als Beweismittel angeführt und vom Gericht anerkannt. Bis das BKA die DNA-Analyse jedoch standardmäßig bei der Aufklärung von Verbrechen anwandte, dauerte es noch. Im Jahr 1998 führte das BKA erstmals eine sogenannte Daten-Analyse-Datei ein, in der bis heute etwa 1,2 Millionen DNA-Spurenmuster gespeichert sind.

Gesamtpunktzahl: _____

DER FALL NR. 4

Herr B sagt aus, bisher lediglich Übergaben mit Herrn Z und Frau K gemacht zu haben. Wenn Sie sich den Dienstplan genau ansehen, fällt aber etwas auf: Vier Tage zuvor gab es eine Übergabe zwischen Herrn B und Herrn W. Der Zeuge lügt.

Sie erhalten 3 Punkte für die richtige Antwort. Lagen Sie falsch, gibt es keinen Punkt.

Gesamtpunktzahl: _____

RÄTSEL NR. 4

FRAGE 1

Für jede richtige Zuordnung erhalten Sie einen Punkt.

1. Polizeimeister
2. Polizeiobermeisterin
3. Polizeihauptmeister
4. Polizeikommissarin
5. Polizeioberkommissar
6. Polizeihauptkommissarin

Sie erhalten 1 Punkt für die richtige Antwort. Lagen Sie falsch, gibt es keinen Punkt.

Polizeioberkommissar

Die Schulterklappen unterscheiden sich über die Anzahl der Sterne sowie deren Farben. Blaue Sterne zeigen die Zugehörigkeit zum mittleren Dienst an. Silberne Sterne tragen Beamtinnen und Beamte im gehobenen Dienst. Dieser beginnt mit der Kommissar-Anwärterschaft und einem silbernen Streifen auf der Schulter. Mit dem Aufstieg zum Polizeikommissar erhält man den ersten Stern, den zweiten als Polizeioberkommissar und so weiter.

Gesamtpunktzahl: _____

DER FALL NR. 5

Wenn Sie sich in Berlin nicht auskennen, müssen Sie die Umgebung mithilfe einer Karte erkunden. So werden Sie feststellen, dass die Täter aller Wahrscheinlichkeit nach nur in Richtung Hackescher Markt geflüchtet sein können. Auf der Museumsinsel gibt es keine Flucht- oder Versteckmöglichkeit. Und in die andere Richtung wären Sie direkt in die Innenstadt gelaufen – keine gute Idee mit der 100-Kilo-schweren Beute im Gepäck.

Sie erhalten 2 Punkte für den richtigen Fluchtweg. Lagen Sie falsch, gibt es keinen Punkt.

Gesamtpunktzahl: _____

RÄTSEL NR. 5

FRAGE 1

Für jede richtige Zuordnung erhalten Sie einen Punkt.

- **Raub**: Der Schuldige hat einen Passanten niedergeschlagen, um dessen Portemonnaie zu stehlen.
- **Einfacher Diebstahl**: Der Schuldige hat im Laden einen Schokoriegel eingesteckt und ist ohne zu zahlen gegangen.
- **Räuberischer Diebstahl**: Der Schuldige wurde beim Ladendiebstahl erwischt und bedrohte und verletzte den Ladeninhaber mit einem Messer, um das Diebesgut zu behalten.

FRAGE 2

Im Jahr 2019 wurde in Deutschland ungefähr 90.000 Mal eingebrochen. Auch der Versuch einzubrechen ist in dieser Statistik berücksichtigt.

Für die richtige Antwort erhalten Sie einen Punkt. Lagen Sie falsch, gibt es keinen Punkt.

Gesamtpunktzahl: _____

DER FALL NR. 6

Für jede richtige Ergänzung des Zeitstrahls erhalten Sie einen Punkt.

Gesamtpunktzahl: _____

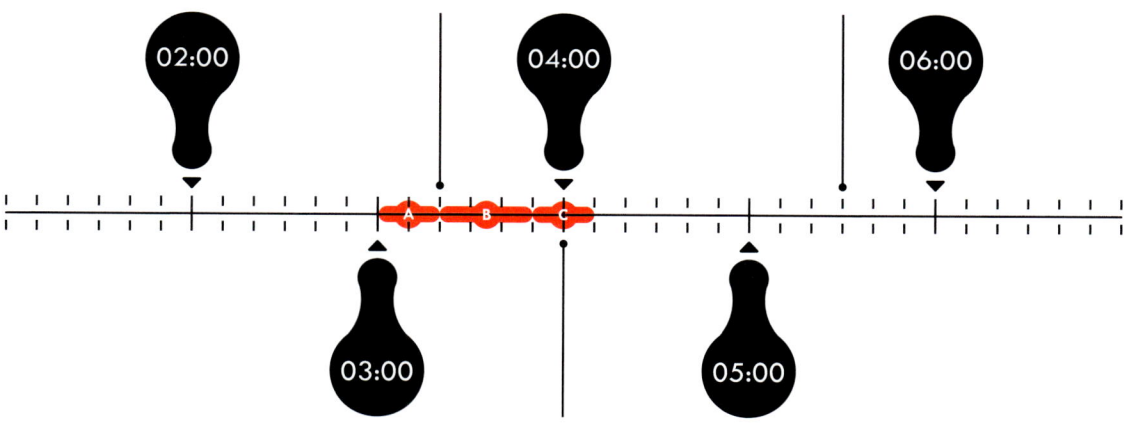

A
Zeitraum, in dem die Täter zum Bode-Museum gelangt sind: Die Strecke zwischen dem Fundort der Schubkarre und dem Bode-Museum kann in etwa 10 Minuten zurückgelegt werden.

03:20
Herr W macht seinen zweiten Kontrollgang. Dafür braucht er etwa 40 Minuten.

C
Die Diebe müssen gegen 04:00 Uhr im Monbijoupark angekommen sein, wenn sie die kürzeste Strecke gewählt haben.

05:30
Die Polizeit trifft am Tatort ein

B
Die Täter können maximal 20 Minuten im Museum gewesen sein, um vom Wachpersonal unbemerkt zu bleiben.

04:00
Fehlermeldung der Alarmanlage

RÄTSEL NR. 6

FRAGE 1

Sie erhalten einen Punkt für die richtige Antwort.

- Konrad Kujau hat zwar gefälscht, allerdings keine Kunst. Er fälschte die Hitler-Tagebücher.

FRAGE 2

Für jede richtige Zuordnung erhalten Sie einen Punkt.

- **Gefälschte Reportagen:** Claas Relotius
- **Marktmanipulation:** Jan Marsalek
- **Identitätsschwindel:** Anna Sorokin

- **Titelbetrug als Arzt:** Gert Uwe Postel
- **Identitätsschwindel:** Anna Anderson
- **Wissenschaftsbetrug:** Marion Brach

Gesamtpunktzahl: _____

DER FALL NR. 7

Auf dem Bild ist ein Mercedes Kombi C-Klasse S 203 zu sehen.

- **3 Punkte:** Richtiges Modell (inkl. Automarke und -klasse)
- **2 Punkte:** Richtige Automarke
- **1 Punkt:** Richtige Autoklasse
- **0 Punkte:** Falsche Antwort

Gesamtpunktzahl: _____

RÄTSEL NR. 7

FRAGE 1

Für jede richtige Antwort erhalten Sie einen Punkt.

- falsch: Die Observation – also optische Beschattung – eines Beschuldigten muss von der Staatsanwaltschaft angeordnet werden.
  → Ist eine kürzere Observation vorgesehen, die abschätzbar weniger als 24 Stunden dauert, darf auch ohne staatsanwaltschaftliche Anordnung observiert werden.
- wahr: Das Abhören von Gesprächen Verdächtiger kann nur ein Richter anordnen.
- falsch: Werden Telefon und Handy eines Beschuldigten überwacht, dürfen Ermittler auch auf die Endgeräte Dritter zugreifen.
  → Nein, nur wenn diese mutmaßlich im Zusammenhang mit der Tat des Verdächtigen stehen oder davon ausgegangen werden kann, dass sich eine weitere Straftat anbahnt, in die der Außenstehende verwickelt werden könnte.
- wahr: Wird eine Person einer schweren Straftat wie Totschlag oder Mord beschuldigt, dürfen Ermittlerinnen ihren Standort über das Handy verfolgen.

Lösung für Frage 2 auf nächster Seite

FRAGE 2

Sie erhalten einen Punkt, wenn Sie die Kameras auf dem Bild gefunden haben.

Gesamtpunktzahl: _____

DER FALL NR. 8

- Fakt 1. Die Gruppe besteht aus mehreren Tätern.
- Fakt 2. Die Täter hatten Bezug zum Bode-Museum.
- Mutmaßung 1: Es bestehen Verbindungen zur organisierten Kriminalität.
- Mutmaßung 2: Es handelt sich um junge, kräftige Männer.
- Mutmaßung 3: Die Täter versuchen, Gold zu verkaufen.

Für jede richtige Antwort erhalten Sie 2 Punkte. Haben Sie eine Mutmaßung für einen Fakt gehalten und umgekehrt, erhalten Sie nur einen Punkt für Ihre Antwort.

Gesamtpunktzahl: _____

RÄTSEL NR. 8

FRAGE 1

Für jede richtige Antwort erhalten Sie einen Punkt.

- ☒ Der Beschuldigte war zur Tatzeit minderjährig.
- ☒ Die Beschuldigte war zur Tatzeit alkoholisiert.
- ☒ Der Beschuldigte wurde vom Opfer provoziert.
- ☒ Die Beschuldigte wird durch den Prozess mental in Mitleidenschaft gezogen.
- ☒ Der Beschuldigte war sich der Strafbarkeit seines Handelns nicht bewusst.

FRAGE 2

- ☐ zum Schutz Dritter.
- ☒ zur Befriedigung des Geschlechtstriebs.
- ☒ aus Habgier.
- ☐ auf Wunsch des Opfers.
- ☒ aus Rache.
- ☐ im Auftrag Dritter.
- ☒ um eine andere Straftat zu verdecken.

Alle richtig: 2 Punkte
Richtige und falsche Antworten: 1 Punkt
Keine Antwort richtig: 0 Punkte

Gesamtpunktzahl: _____

Für jede richtige Antwort erhalten Sie einen Punkt.

- Name abgleichen mit ——————————— dem Wachpersonal.
- DNA abgleichen mit ——————— den Spuren auf Seil, Leiter und Schubkarre.
- Umfeld untersuchen ——————— auf Kontakt zur organisierten Kriminalität.
- Auto abgleichen mit

  oder

  Personenbeschreibung des

  Polizisten abgleichen mit ——————— Kameraaufnahmen.

Gesamtpunktzahl: _____

RÄTSEL NR. 9

FRAGE 1

Für jede richtige Positionseinordnung erhalten Sie einen Punkt.

1. Boss
2. Consigliere
3. Underboss
4. Capo
5. Soldat
6. Associato

Alle bis auf den Rang des Associato, also dem Anwärter, sind Vollmitglieder der Famiglia.

FRAGE 2

Für jede richtige Zuordnung erhalten Sie einen Punkt.

1. Yakuza (Japan)
2. Triaden (China)
3. Cosa Nostra (Italien: Sizilien)
4. Camorra (Italien: Neapel)
5. Cali-Kartell (Kolumbien)
6. Vory w zakone (Russland)

Gesamtpunktzahl: _____

DER FALL NR. 10

Die besten Insider-Informationen erhalten Sie von einer Vertrauensperson: einem sogenannten V-Mann.

- **2 Punkte**: V-Mann beziehungsweise Vertrauensperson
- **1 Punkt**: Informant
- **0 Punkte**: Falsche Antwort

Gesamtpunktzahl: _____

RÄTSEL NR. 10

FRAGE 1

Für jede richtige Antwort erhalten Sie einen Punkt.

- **falsch**: Eine V-Person (Vertrauensperson) ist jemand, der der Polizei Informationen zur Aufklärung eines Falls liefert.
  - → Eine V-Person muss plan- und regelmäßig Hintergrundwissen an die Polizei weitergeben, um als solche bezeichnet werden zu können.
- **falsch**: Ein Verdeckter Mitarbeiter ist ein Mitglied der Polizei und schleust sich unerkannt in verbrecherische Milieus ein, um an Informationen zu gelangen.
  - → Als Verdeckte Mitarbeiter werden Beamte beim Bundesnachrichtendienst bezeichnet. Bei der Polizei arbeiten Verdeckte Ermittler.
- **wahr**: Eine Informantin gibt der Polizei entgeltlich oder unentgeltlich Insiderwissen zu einem Einzelfall.

Lösung für Frage 2 auf nächster Seite

Sie erhalten einen Punkt für die richtige Antwort.

• Paragraph 31 des Betäubungsmittelgesetzes sieht vor, dass Straftäter Strafmilderung für den Verrat von Mittätern und Komplizen erhalten. »Einundreißiger« wird in der Szene daher gerne als Beleidigung für einen Verräter verwendet.

Gesamtpunktzahl: _____

DER FALL NR. 11

Für jede richtige Antwort erhalten Sie einen Punkt.

1. In den Fahrzeugen
2. Auf den Smartphones und Laptops
3. Bei weiteren Mitgliedern des Clans

Gesamtpunktzahl: _____

RÄTSEL NR. 11

FRAGE 1

Für jede richtige Antwort erhalten Sie einen Punkt.

- falsch: Sobald der Richter ein Urteil fällt, ist dieses rechtskräftig.
  - → Erst wenn Staatsanwaltschaft, Nebenkläger und Verteidigung keine Rechtsmittel – also Berufung oder Revision – einlegen, wird das Urteil rechtskräftig oder wenn gegen die Entscheidung kein Rechtsmittel mehr eingelegt werden kann.
- falsch: Bei mildernden Umständen kann der Richter von einem Urteil absehen und der Angeklagte bleibt straffrei.
  - → Ein Urteil durch den Richter erfolgt immer. Dieses kann »schuldig« oder »nicht schuldig« lauten. Nur wer vom Richter freigesprochen wird, geht vollständig straffrei aus.
- falsch: Es spielt keine Rolle für das Strafmaß, ob der Schuldige Reue zeigt.
  - → Das Verhalten der Täterin und die Umstände der Tat werden bei der Bemessung des Strafmaßes grundsätzlich berücksichtigt.
- wahr: Freiheitsstrafen unter 6 Monaten werden regelmäßig zu einer Geldstrafe umgewandelt.

FRAGE 2

Für die richtige Antwort erhalten Sie einen Punkt.

- Die Verjährungsfrist für Totschlag beträgt in Deutschland 20 Jahre.

Gesamtpunktzahl: _____

DER FALL NR. 12

1. Der Goldabrieb insbesondere in den Fahrzeugen und an der Kleidung des Beschuldigten weist auf die **Zerstörung** oder das Zerteilen der Münze hin.
2. Die Kameraaufnahmen belegen den **Einbruch** ins Bode-Museum, da sie mit der Tatzeit übereinstimmen.
3. Die DNA-Spuren weisen auf den **plan- und bandenmäßigen Diebstahl** der Goldmünze hin, da sie sich an einem Werkzeug befinden, das gezielt für die Tat herangeschafft werden musste.
4. Der sogenannte »Goldzettel« könnte darauf hinweisen, dass die Goldmünze **zum Zwecke der eigenen Bereicherung** verkauft werden sollte. Bei den Notizen handelt es sich nämlich um Wechselkurse und Goldpreise, die mit dem Zeitpunkt der Tat sowie mit der Beschaffenheit der gestohlenen Münze übereinstimmen.

Die markierten Schlagwörter müssen in Ihrer Antwort enthalten sein. Für jedes erhalten Sie einen Punkt. Auch alternative Wortlaute und Formulierungen zählen.

In diesem Fall gibt es keinen handfesten Beweis, dass es sich bei den Angeklagten wirklich um die Täter handelt. Aus Ihrer Anklage müssen daher ein schlüssiges Motiv und eine nachvollziehbare Verknüpfung aller Indizien hervorgehen. Diese sind auch entscheidend für die Beurteilung des Strafmaßes.

Gesamtpunktzahl: _____

FINALE GESAMTPUNKTZAHL

_____

DER FALL – FINALE: AUSWERTUNG

85–120 Punkte: Graue Eminenz der Verbrechensbekämpfung

Entweder Sie sind bereits im Feld der Kriminalitätsprävention tätig, sind ein kriminalistisches Genie – oder haben keine Folge ZEIT Verbrechen verpasst. Wie auch immer Sie es angestellt haben: Glückwunsch! Fachfragen beantworten Sie problemlos. Darüber hinaus beweisen Sie außerordentliches Gespür, Weitblick und eine unglaubliche Kombinationsgabe. Ihnen wäre es womöglich sogar gelungen, die Goldmünze zu finden.

50–84 Punkte: Kriminalbeamtin mit dem richtigen Riecher

Sie beweisen, dass es bei der Verbrecherjagd vor allem auf Bauchgefühl und Talent ankommt. Schema F? Nicht mit Ihnen! Kleine fachliche Lücken machen Sie mit einer einmaligen Mischung aus Intuition und Weitsicht wett. Das Nachschlagen in Formelsammlungen und juristischer Fachliteratur überlassen Sie hingegen lieber Ihren gut ausgebildeten Kollegen. Und warum auch nicht? Entgegen landläufiger Meinung ist Verbrechensbekämpfung kein Job für einsame Wölfe – sondern klassische Teamarbeit. Ihr Vorgehen hätte Sie sehr wahrscheinlich früher oder später auf die Spur der Täter geführt.

0–49 Punkte: Aufstrebendes Nachwuchstalent beim LKA

Dieses Ergebnis ist kein Grund, enttäuscht zu sein. Im Gegenteil! Dutzende – sehr erfahrene und talentierte – Kriminalbeamtinnen, Staatsanwälte, Rechtsmedizinerinnen und Polizisten waren mehrere Monate mit diesem Fall beschäftigt. Wenn Sie – vermutlich als Laie – in 23 Tagen auch nur einige Anhaltspunkte auftun konnten, ist das eine beachtliche Leistung! Wer so viel Neugier, Durchhaltevermögen und Kreativität mitbringt wie Sie, hat das Zeug zum Spitzenermittler.

Bibliografische Information der Deutschen Nationalbibliothek
Die Deutsche Nationalbibliothek verzeichnet diese Publikation in der Deutschen Nationalbibliografie. Detaillierte bibliografische Daten sind im Internet über https://dnb.de abrufbar.

Für Fragen und Anregungen
info@rivaverlag.de

Wichtiger Hinweis
Ausschließlich zum Zweck der besseren Lesbarkeit wurde auf eine genderspezifische Schreibweise sowie eine Mehrfachbezeichnung ver-
zichtet. Alle personenbezogenen Bezeichnungen sind somit geschlechtsneutral zu verstehen.

Aktualisierte Neuauflage
3. Auflage 2023
© 2021 by riva Verlag, ein Imprint der Münchner Verlagsgruppe GmbH
Türkenstraße 89
80799 München
Tel.: 089 651285-0
Fax: 089 652096

Copyright © by Zeitverlag Gerd Bucerius GmbH & Co. KG

Umschlaggestaltung & Layout: Isabella Dorsch
Abbildungen Umschlag: Lea Dohle (ZEIT Verbrechen-Icon), shutterstock.com/Marish, aksol
Abbildungen Innenteil: Tobias Prießner, Open Streetmap Mitwirkende,
shutterstock.com/Andrew Baumert, ekler, Evgenii Emelianov, LIAL,
PHOTOCREO Michal Bednarek
Satz: Satzwerk Huber, Germering
Druck: Livonia Print, Riga
Printed in Latvia

ISBN Print 978-3-7423-2276-0

Weitere Informationen zum Verlag finden Sie unter
www.rivaverlag.de
Beachten Sie auch unsere weiteren Verlage unter www.m-vg.de

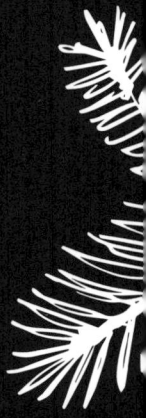